오름 시인선 •14

아이스 큐브에 갇힌 사내

오름시인선 · 14

아이스 큐브에 갇힌 사내

펴낸날 _ 2012년 8월 10일
지은이 _ 김영제
펴낸곳 _ 기획출판 오름
등록번호 _ 동구 제 364-1999-000006호
등록일자 _ 1999년 2월 25일
주소 _ 대전광역시 동구 삼성1동 122-2
전화 _ 042.637.1486
팩스 _ 042.637.1288
E-mail _ orumplus@hanmail.net

ISBN _ 978-89-90151-76-6

값 8,000원

아이스 큐브에 갇힌 사내

| 김영제 시집 |

Orum Edition

| 시인의 말 |

한때는 여름날 밤새도록 몰아치는 폭풍우의 격정이 사랑인 줄 알았습니다.
비에 씻겨 황홀히 빛나는 푸르름만이 삶의 색깔인 줄 알았습니다.
홀로 걸어가는 이 길에서 만난 부러진 나뭇가지, 떨어져 밟힌 꽃잎, 쓰러져 누운 별을 그렇게 아파할 줄 몰랐습니다.
별을 꿈꾸며 걷다 지쳐 쓸쓸한 하루의 나무 밑에서 바람의 노래를 듣습니다.
푸른 물길 멀리 돌아와 산언덕에 서서 이제껏 걸어온 길을 뒤돌아봅니다.

햇빛 찬란히 부서지는 아름답고 쓸쓸한 풍경도 희미한 빛만 남아 가슴에 아련히 차 오릅니다.

그 사랑의 느낌을 풀어내고 껴안는 몸짓이 삶이요, 시 인 것을 깨닫습니다.

당신과 가슴을 맞부빕니다. 풀 한 포기, 돌 하나에도 따스함을 느끼며 빈 마음만으로 마실 가듯 이승을 떠날 때까지 기쁘게 사랑하기를 기도합니다.

■ 차례

제1부

제2부

제3부

제4부

■ 제1부

가을 저녁

달이 찢어져 낙엽처럼 뒹군다

밤의 설레임이 거리에 휘몰리는 시각

빈 마음에 등불을 켜고 익숙한 눈길로 걸어도

손 흔드는 이 하나 만날 수 없는

이 저녁

거리

나는 쓸쓸한 하루의 나무 밑에서

조용히 삶을 노래 부르리

원근의 마음 가난한 형제들이여

그대 어깨 위에 따뜻한 손을 얹고 싶구나

假面 의 生

종려나무의
넓은 금빛 이파리 위에
달빛이 고여 반짝인다
붉은 가면을 쓴 달이 비파를 뜯어
안개 자욱한 음악을
뭉게 뭉게 흩뿌려가는 동안
손 끝의 달만 바라보며
밤이 새도록
숲 사이 어두운 가시덤불을
맨발로 헤쳐 걸어온
그림자
검은 베일을 덮어 쓴 여인이
지쳐 쓰러져 땅에 엎드려
울고 있다
그녀의 입에서 흘러나오는
울음이 긴 연기가 되어
푸른 밤 호수를 적신다
은빛 달빛은
붕대처럼 길게 풀어져
피 흘리는 상처를

어루만지고
지친 그녀가 잠이 든다
그의 옷자락에
젖어 드는
쓸쓸한 바람의 노래여
낙엽의 낮은 음계로 흩어지는
덧없는 꿈이여

강아지풀

풀씨 하나
어쩌다 드센 바람결에 날리어
메트로폴리탄 토론토
은행 돌벽과 보도 블럭 사이의
보이지도 않는 틈
남의 흙에 뿌리 내렸다

업은 아이 보채고
코 큰 구두 끝에 끊임없이 짓밟혀도
쓰러질 듯 바람 끝 부여잡고
억척스레 늘어지는
한국인 복권가게 아줌마의
휘어진 허리

강아지풀 여린 연두색
줄기 잠시 펴고
언제 꽃을 피우려나
땀 씻는 이마 위에

조용히 출렁이는
푸른 하늘

낙엽

바람의 여울에 실려와
짹짹거리는 수많은 혀
말라버린 슬픔처럼
혀가 굳는다
딱딱하고 거칠게
한쪽 끝이 말려 올라가고
조절할 수 없는 소리처럼
마음의 한 끝이 쏟아져 나오다
파편으로 부서진다
말은 허공에서 얼음처럼 녹아
흩어지고
그에 담긴 뜻도 처참하게
망가진다
더 이상 혀 끝에서
날아오르지 않는
생각들
쓸어 담으니
삼태기에 가득하다

단풍

삶은 어째서
해질 무렵에야
아린 가슴 문지르며
뜨겁게 타오르는가

한여름 비바람 다 견디고
기쁘게 열매 거둘 고즈넉한 때
온 산을 각혈로 붉게 물들이며
쓰러진 너

못 이룬 꿈 손 놓아 보낸 채
서둘러 떠나는 것도 모르고
사람들은 그 앞에서
아아, 아름답다

나도 이제는 끝물진 사랑
잎새 모두 떨구고
천천히
겨울외투 속으로
걸어 들어가야지

민들레

한 평생
저 발끝 부터 수액처럼 올라온
슬픔이 고여
풍선으로 부풀어 오르다
고통의 압력을 이기지 못하고
펑
터진다
사방으로 파편처럼 튀는
그의 살점
가난에 팔려 폭탄을 안고 가는
무슬렘 소녀의
가녀린 내일인 듯
원한에 헝클어진
쓰디쓴 산화(散華)

木蓮

그늘 진 빈 뜨락
한 구석
살아온 날들
등 돌린 채 울음을 삼키며
홀로 서 있는 여인

폭풍우 뿌리째 뒤흔들어도
다소곳이 내맡긴 채
가슴 한 켠에 남 몰래 키워가는
아름다운 꿈

맑은 영혼 행여 잠들새라
찬물에 시리도록 발 담그고
사무친 등불
밤 새워 지켜갈 때

비운 마음 언제나
홑겹이어도
때 되면 스스로 무르녹아
터져 오르는
찬란한 소망

木蓮의 바다

한 생애 한꺼번에 타올라
눈부신 절규를
길도 하늘도 땅도 모두 꽃잎으로 눈처럼 뒤덮힌
막막한 바다를
이 봄
가슴 무너질 뚝으로도
못 버틸 양이면

잠깐 사이에 지고나면
으쩌꺼나
저 아찔한 滿開를
다음 생애나
보게 될 줄을

마른 꽃 한 송이

맑은 바람에 실리어
온몸 흔들려가리

생의 대궁이를 뿌리째 잘라
거꾸로 공중에 매어달면
시간은 턱없이 쓰러져 뒹굴고
젊음은 부피도 없이 말라가리

발 밑에 쏟아온 뜨거운 눈물
물기도 날아가면
봄볕보다 화사하게
타오르는 추억

아픔은 자주빛으로 짙어가고
노을속에 천천히 묻어나는
그리움

오뇌여
행여 아쉬움으로
저만치 떨어져 앉아

뒤늦게 돌아보는
그대의 향기
오래 품어보리

바람 부는 들녘 끝에서
아득히 차오르는
푸른 하늘만
뜨겁게
바라보리

씨클라멘

수없이 뽑아올리는 꽃망울들 눈부시어
행여 시들세라 아침 저녁 마음 챙겨
어서 피워 올라라 물 듬뿍 주었더니
그만 토라져 썩어 버린 꽃봉오리들

꽃 보기 다 글렀구나
쏟은 정 모두 끊고 망연히 돌아 앉아
관심의 창밖에 한 며칠 던져 두었더니
돌연 햇빛 속에 재잘대며
또 다시 피어 오르는 꽃봉오리들

두어라, 사랑도 이러하니
멀리서 가끔 쓰이는 마음만으로
절로 꽃 피우게 하여라

해바라기와 장미

한 여름 햇빛을 받아 작열하는 하얀 신작로의 눈부심, 썬글라스를 낀 내 눈 속에서 수없이 많은 노오란 알전구가 주홍빛 빛의 나선을 그으며 빙글빙글 돌아간다. 말이 되어 입에서 굴러 떨어지기도 전에 눈부신 생각의 조각들은 어즈러히 깊이를 모르는 빛 속으로 쏟아져 내리다. 빛의 속도보다 빠르게 달아나는 자전거, 바퀴가 돌아갈 때마다 방울 속에서 종달새소리가 쏟아져 나온다. 빛의 중심을 연결한 검은 직선들은 듬성듬성 익지 않은 검은 씨앗으로 온건하게 박혀있는 너와 나의 만나지지 않는 안타까운 만남을 겨냥한다.

날개는 뜨거운 태양아래 녹아내리고 이카루스는 에게해에 익사한다.

한치 앞이 보이지 않는 깜깜한 밤의 검푸른 바다, 비오는 통곡의 물결 위에 피에 젖은 흰장미꽃잎들이 눈발처럼 희끗희끗 수평선에 내려 앉다. 흰 장미 화판들은 어느새 다섯 잎의 지는 고통으로 붉게 물들고 검은 바다를 노을처럼 군데군데 적시운다. 드러누워 발끝조차 움직이고 싶지 않는 절망의 송장헤엄, 죽음이 사금파리로 팔목을 긋는 동안 가면을 쓴 밤바다에 장송의 노래가 푸른안개로 퍼져 오르고 붉다못해 검은 색의 장미는 제 목을 찌르고 피 흘리며 천천히 수평선 위에 거꾸러진다.

풍경이 하얗게 얼어버리며 막이 내린다.

傳說

그대여
옥수수 밭에는
바다로 가는 물소리가 그득합니다
연두빛 하늘을 이고 선 조선의 여인들이
제가끔 잉부(孕婦)의 모습을 하고
머언 구름 끝 따라가는
응시(凝視)
그것은 으능잎사귀 하나 손가락 사이로
빠져버리는 듯
응얼진 메나리 소리
기인 밤
하염 없는 강물 소리
가슴 저리는 회오 아닌 것
다만 억겁을 강물 흐르듯
소리 없이 쌓여가는
잔잔한 파문뿐
그대여
어둠이 내리는 옥수수 밭에는
머언 下代로 가는
강물소리가 그득합니다.

김치

버려진 푸성귀로 이렇게 실려왔다
팔다리 잘리고 입 막히우고
끔찍한 소금물에 흔들린 후
눈물도 몸 밖에 못 쏟을 양이면
매우 고추 마늘 맛 辛酸을 뒹굴다가
꾹꾹 눌려져 독 안에 던져졌다
얼얼한 몸뚱이
오기도 쓰러져 안으로
안으로만 부글거릴 때
이상도 하지
아린 상처 곰삭아지며
천천히 가라앉는 분노 속에
꿈 속 깊이 타 올라
익어가는
明澄한 목숨 한 자락
아무리 싫어도 떼어낼 수 없는
시큼한 이것이 나의 살 냄새
서러운 마음 풀려
이제는 발끝도 향기롭다
아 지독한 한 세상 지나온 뒤에
김치 맛 한번 잘도 들었다

굴비

말라가는 허벅지
떨어지는 살 비늘
남루한 맨 몸뚱이 가리지도 못한 채
햇살에 콕콕 찔려온 세월

견딜 수 없어 온 몸 앞뒤로 뒤척이며
아가미 가쁜 숨도 절어 가는 동안
바닷바람에 쓰린 상처 꾸덕꾸덕 아물고
이제는 눈물도 야위어
왼빰엔 다만 소금끼
自尊의 지느러미 그래도 꼿꼿한데
아직 살아 노려 보는
폐병으로 죽은 누이의
퀭한 눈동자

잉여의 목숨 두름에 꿰어
등불인양 낮게 걸어 놓고
두 손으로 받쳐 드는 겨울 바다
돌아보면
아득한 저녁 노을

내게도 햇살에 눌려진
치밀한 속살을 다오
살도 모두 발라져
눈물보다 투명한 뼈만 남겨다오
남은 날 조용히 지켜 볼
두 눈알만 남겨다오

뻬이징 바베큐 오리

피폐한 불빛 번들대는
차이나타운을 지나다
중국요리점 유리진열대에 거꾸로 매달려
뜯어먹히기를 기다리는
뻬이징 바베큐 오리들, 그
살점을 들여다 본다

한국전쟁
포연이 자욱한 어느 구덩이에서
두 손 뒤로 묶인 채 총탄에 맞아
멋 모르고 신음하며 죽어 간
백만명의 애매한 목숨처럼
털 뽑히고 목 잘리고 통째로 구워져
에스자 쇠고리에 꿰어 내걸린, 이제는
잊혀진 주검이여

살아 기쁨을 노래하던 감상의 腸腑
모두 잘리고
이름뿐인 五香 온 몸에 감은 후
단근질 불꽃에 천천히 그슬려

마지막 기름 한 방울마저 뽑히고도
힘의 이빨에 씹혀지는
순결한 살점,
오늘의 한국

코 큰 코카사스인들은
토막 토막 잘라져 껍질 콩과 함께
알랑미 흰 쌀밥에 담겨져 나오는
뻬이징 바베큐 오리고기를
씩씩대며 잘도 먹어대지만

밥 위에 덮힌 이 고기여
저 오뇌에 찬
가난한 내 분신이여
나는 아무래도 너를 씹을 수 없어
수저를 놓고
죄 없이 죽어간 수많은 사람들
네 핍박과
내 困苦를 생각해 본다

아르마딜로에게

오후의 햇살
날카로운 파편에 찔리어
신음하고 있는
아르마딜로
다운타운 한복판 쇼우윈도우 케이스에서
부드러운 가죽 상품들 사이
박제되어 있는
너를 본다
뾰족한 주둥이에서 흐르는 피
날카로운 발톱은 못다한 꿈을 그러쥘 듯
붉고 작은 눈을 성냥불처럼 밝혀 놓고
두꺼운 잿빛 하늘을 응시한 채
엉거주춤 서 있는 너
찬란한 대낮에는 화려한 빛을 피하여
모래밭 깊은 굴속에
질긴 욕망으로 숨어 있다가
밤에만 어두운 본능으로 꿈틀거리며 돌아다니던
거센 잇빨로도 물어 뜯지 못한
죽은 토끼의 썩은 시체 같은
너의 삶

그래도 나는
갑옷보다도 탄탄한 각질의 등을 굴려
아린 자갈길을 공처럼 굴러 갈 수 있는
네 인내의 피부가 부러웠다
소란스럽게 싸우는 소리
자동차의 경적소리
돼지 내장보다 더러운 도시의 뒷골목도
아랑곳 없이
네가 쳐다보고 있는 하늘 끝은 어디인가
나는 또 무슨 망가진 장식품처럼
이 도시의 쇼우 케이스에
진열되어 있는데

붓

목숨을 벼리어
꿈 꾸는 사랑

얼룩얼룩 눈물방울
무딘 가슴 마디마디
아리게 갈아

평생을 기둘려
단 한번 얻고자 한
까마득한 아름다움

가끔 문 밖에서
그대의 향기
홀로 껴안아 보지만

남은 것은
귀 떨어진 벼루
화선지 위에 헛되이
튀는 먹물

뒹구는 꿈

종이 비행기

아이가 비행기를 접는다
빛 고운 색종이에 날씬한 꿈을 실어
푸른 하늘 높이 날려보낸다
아무리 뜨거운 입김을 불어넣어도
허공을 헤엄치다 이내 날개를 접는
파랑새 한 마리
꽁지가 불꽃으로 타올라 산화하는 영혼일지라도
날아갈 수 있다는 것은 얼마나 큰 기쁨인가
추락을 예감하면서도
절정의 순간을 위하여
손 끝에서 날아오르는 삶
내가 떠나보낸 순결한 청춘의 추억은
어느 나무 그늘 사이로 불시착하여
어두운 밤 하늘밑에서
별빛을 그리워하며
비에 젖어 파닥이고 있을까
아이가 비행기를 접는다
하늘 끝까지 날아가서
돌아오지 않을 완전한 飛翔의
내일을 만지작거리며

플라네타리움

지상의
마지막 별과 작별하고
어둠 속으로 걸어 들어 간다
풀보다 포근한 양탄자 위에
팔베개하고 누우면
아득히 떠나가는
가을 속의 배
텅 빈 마음 찢어진 돛 폭 사이로
천천히 하늘이 열린다
늦은 밤 급행열차도 달려간 후
금박 입힌 꿈들도 시들어
제 자리를 지울 때
저 북쪽 무스코카의 하늘 아래
닻을 내리면
언덕 가득 폭죽으로 쏟아져 내리는
수많은 별들
상처 입어 헝클어진 풀들 그러안고
조용 조용 숨 죽여 우는 바람 속에서
눈 뜨는 작은 영혼들
아무도 돌아보지 않는 불모의 땅에

고개 들어 피어나는 꽃들이 있다
긴 목숨의 끝에서 타오르는 별똥
지평선 가득히 차오르는 꿈
아아 빛나는 너의 눈동자
이슬로 구르는 음악과 함께
너의 머리칼에서 짙어가는
싱싱한 풀냄새
깊이 깊이 들여 마시며
연습으로 재생되는
나의 삶
아침 노을 서서히 밝아와
밖으로 나서면
구름 덮힌 세상 끝에는
별 하나 보이지 않는다

바보 이반

- Alzheimer 병동에서

왼손에
죽은 까마귀를
거꾸로 들고
그가 어두운 시간의 복도 끝에서 서성이고 있다.
어느 가을 날 푸르던 하늘 저편 너머로 날던
환한 몸짓을
진흙 신발 속에 구겨 넣고 있다.
닫혀진 기억의 방마다
타로 카드의 그림들이 쏟아져 나와
검은 나비들처럼 팔랑거리며 날아다니다
벽에 부딪혀 떨어진다.
통로를 찾지 못한
그의 의식은 문지방을 넘지 못하고
헐떡거리다 의문부호로 쓰러진다
아무도 찾아오지 않는 늙은 오후
등 굽은 시간 속에서 추억이
가장 따사로운 때
등받이 의자에 앉아
깨어진 퍼즐 조각들을
하나씩 들추어보며
햇볕에 내어 말리고 있다

■ ■ 제2부

우리가 그렇게 사랑한다면

밤 새워 아프게 쌓이는 눈으로
부러지는 굴참나무 가지도 사랑하리

새순 돋는 연초록 잎사귀만
입에 대어보지 않으리

애터지는 선홍색 꽃잎
그 저무는 핏빛으로도 기다리리

때로는 아무에게도 말 못할 강을 한 편
가슴에 안고 저만치 흘러가듯

그때 외딴 길에서 문득 돌아서서
걸어 온 먼 곳을 바라보듯이

빛이 머물다 간 그곳에

숲속 한 켠에
단풍나무 한 그루 서 있네

잎 다 진 가지 끝에
홀로 남아 흔들리는 단풍잎 하나

얼룩진 이파리에
비쳐드는 햇살이여

환하게 타오르는 목숨의 끝

빛이 머물다 간 자리에 남는
아 따듯한 당신의 체온이여

오랜 시간이 흘러
그 빛이 퇴락해가면

희미한 기억의 저편 너머로
안개처럼 스러지는 사랑

날 저물듯 마음도 저물고
바람만 빈 가지를 훑고 지나가는

그 사이

빛을 머금은 채
시나브로
지는 잎이 아름답다

늦가을, 낙엽을 긁으며

지구, 너의 등을 긁고 있다,
대지여, 시원하냐?
등 굽은 늙은 짐승의 외로움같은
돌이킬수 없는 시간
과로에 젖은 너의 근육을
맛사지하고 있다
속은 건드리지도 못한 채
등창 난 껍질을 어루만진다
돌이켜 보면
남은것은 비릿한 살비듬처럼 형체도 허물어진
한줌 허물 뿐
이제 노을이 지면
하던 손짓 미처 멈추고 나도 돌아가리라
저 날이 짧아지듯 나의 위안도 저물어간다
경건히 여민 옷자락 끝에 휩쓸려가는 낙엽으로
너의 생이 끝나고 있다
그렇게 가을이 저물고 있다
그때에 누구도 나의 등을 긁어주며
위로의 말을 들려줄
낙엽 한 잎으로 남아 있을까

끝없는 참선의 끝, 헛되고 헛되니

1.
창 없는 방에 들어가
가부좌를 틀고 앉는다

눈을 감으면
문득 타클라마칸

햇볕에 빛나는 뼈를 그리워하며
어느 사구에서

모래알 경전을 읽어가다가
가물가물 잠이 들면

갠지스강의 저녁노을

연꽃 속에서 허물을 벗고 날아오르는
수 많은 고추잠자리

한 마리 한마리씩 지우다 지쳐갈 때
흘리는 침 사이로 피식

피다가 시드는
구겨진 웃음 한 다발

2.
드디어 부처도 죽이고
해탈의 절벽 끝에서 뛰어내리는 찰라

갑자기 벽을 부수고 사방에서 돌진하여오는
코뿔소 코끼리 떼

아뿔싸 몸 피하며 온 몸을 구부릴 때
옆구리를 걷어차는 당신의 발길질

정신차려 이누마

그물 줄기만 남은 감나무 잎사귀를

들여다 본다
즐거운 추억의 살은 모두 썩어 없어 지고
시리도록 뼈만 남은
서늘한 삶의 그물 망
그 사이로 푸른 하늘이 보인다
가슴 한 복판을 흐르던 고향의 강
물 위에 잔잔히 빛나던 가을 햇살처럼
슬플 때에
말없이 안아주시던 어머니
비바람 속에서 마주 서서 겨누던
칼 끝으로도 지울 수 없었던
굵은 눈썹과 힘줄들
이마의 상처도
푸른 엽맥 속
눈물에 모두 녹아나
이제는 곰삭은 옛 기억처럼
실핏줄 속 가는 맥박으로만
남아있다

유월, 지는 꽃잎에게

저격 당한 비행기처럼
곤두박질치는 목련꽃잎
그 푸른 하늘 밑
꽃 속으로 걸어 들어간다
환한 저녁 빛이
아리도록 두 눈을 쓰다듬는 동안
장독대 뒤에선
붉은 선인장 꽃이 피고
어디선가 포성이 길게 울었다
쌕쌔기가 편대를 지어 하늘을 날고
쓸어 담아 구덩이에
한 무더기로 묻혀지는 주검
뒷집 우물에
죽어 산처럼 쌓여가던
동네 아저씨들의 거친 숨소리가 들린다
밤새 우물가에서 씻어도 씻겨지지 않는
끈적거리는 치욕
가을을 안고 갈대는
누렇게 썩은 밑둥을 피에 적시며
어두운 밤 물결에 흘러갔다

끝 없이 푸른 하늘 끝
꽃잎 떨어진 자리마다 상처가
희뜩희뜩
가는 실 끝에
거꾸로 매달려도
아직 세상은 실눈 뜨고
볼 수 없다

레이크 온테리오에 부는 바람은

배반의 뒷모습만 남긴 채
성큼 떠나가 버린 늦가을
그 커다란 어깨 뒤로
마지막 철새들도 떠나가 버리고
갈대 가득한 늪지에는
지나가던 바람만이
문득 고개 숙인다
물푸레 나무의 흩어진 머리칼 사이에서
숨었다 다시 떠오르는 달처럼
구원은 손 쉽게 손 끝에 오지 않는데
나는 남 몰래 목선 한 척 부리어
무작정 떠나가는 목 메인 꿈
공중에서 부서지는 저 떠남의 눈부신 깃털
바람 속에 웅크린 채 서 있는
사내의 어깨 위에는
가벼운 눈도 쌓이지 않고
레이크 온타리오에는
쓰러져 우는 바람소리뿐

물을 끓이며

칡넝쿨 엉크러진 이마에
새벽 샘물을 길어 붓는다
주전자 가득 나뭇잎으로 푸르게 넘쳐나는 물
주니퍼향의 안개가 지난밤의 껍질을
하나씩 무너뜨릴 때
나는 흩어진 마음의 잔솔가지들을 긁어모아
매운 마디를 딱딱 부러뜨리고
가슴 깊은 곳에서 부싯돌을 꺼내어 불을 당긴다
무릎을 괴고 앉아 들여다보면
불꽃 속에 삼켜지는 부끄러움
설익은 삶의 덩어리를 주전자 채 불에 올려 놓는다
서로 부딪히다 격정을 이기지 못하고
울컥 끓어오르는 물의 입자들
삶도 잘 익어 한 가닥 영롱한 빛이 된다면
열정도 혼돈도 가슴 가득
수증기로 끓어 넘치리
벌떡이는 심장을 쓰다듬으며
뜨거운 물 한 모금을 삼켜본다
어디서 오는 것일까
갑자기 불어오는 한줄기 바람

폭풍의 진탕이 가라앉고
천천히 되살아오는 희맑은 정신
연기에 그을려 갈수록
끓어오르며 맑아지는 영혼
뜨겁게 삭여지는 목울대를 만지며
숲 끝에서 떠오르는
아침 해를 맞는다

써브웨이, 토론토

오늘의 주식시세를 살피는 정장한 롤렉스 시계
금테 안경알 위로 자본주의의 광대뼈가 번뜩인다

고개를 까딱일 때마다 흑인소년의 헤드폰에서 필통 속 연필처럼
낭자하게 쏟아져 통로 위에서 춤 추는 음악

괴기소설에 허리까지 빠져 허우적대는 청년을 스티븐 킹의 악마가
등 뒤에서 덮쳐 갈 때, 목이 긴 여인은 더욱 날씬해지고자 목구멍에 손가락을 집어 넣어 금방 먹은 사과 한 조각을 토해 낸다, 발 밑에는 그녀가 넘기던 보그 잡지 속의 입 큰 패션모델이 검은 웃음을 펼쳐들고 서 있고

찢어진 블루 진 사이로 젊은 치기가 낄낄대며 빠져나오는 동안에도 펑크족의 청년은 하얀 우월감을 목도리처럼 깃털 모양의 머리칼에 올려 붙이고 투구게의 눈으로 얼굴 노란 틈입자(闖入者)를 쏘아본다

무표정한 얼굴로 좌우를 두리번거리는 중국인 노인

이제는 무국적의 저 껌벅이는 눈

세살 먹은 아들의 금발을 쓰다듬고 있는 털복숭이
늙은 아빠의 구렛나룻, 무릎의 아기 들여다보며 혼자
미소짓고있는 엄마의 얼굴

긴 지하터널 지나자 금빛 햇살 쏟아져 들어온다
숨 고르며 천천히 눈을 감는다

그늘에서

때로는 축축한 물기도 허락하소서
일상이 곰팡이로 푸르게 번져가는
아득한 이승
괴로움이 한껏 몸살을 앓고도
제 몸을 비워내지 못할 때
그늘에서 그리움이 자라듯
희미한 그대 발자국 밟으며
숨 죽여 걷는 사랑이게 하소서
꽃잎 피우는 꽃받침
기꺼움에 울 듯
있는 듯 또 없는 듯
한 모금 햇볕을 비켜서서
겨울 뜨락 그대 눈 뜨이지 않는 그늘에
제 그림자를 묻게 하소서
삼나무 숲 터널 속으로
햇살 부채처럼 펴져 오르면
눈부시도록 드러나는 알몸
한 잎 거친 잎사귀로 가리지도 못한 채
오후 내 바늘 이끼에 앉아
어제의 부끄러움을 울게 하소서

설레임 그 뜨거움 모두 헹구고
하늘 향해 걸어가는 뒷모습
보일 듯 말 듯
일몰의 기도에 휩싸여
외로움이 여위도록
보는 이 없어도 홀로 피는 꽃
기쁘게 터져 오르게 하소서

빗속에서

천둥과 번개 사이를
걸어가네
바람은 오만한 몸짓으로
단정한 自制의 옷깃을 풀어 젖히고
울어라 울어라
수많은 자책의 물방울들은
세치 혀로 날아와
취약한 나의 귓볼에 내려꽂히네
살 부러진 믿음의 우산으로는
뼈 속까지 젖어오는 상실의 빗물을
어쩌지 못하네
거센 비바람 속에서도
가슴 속 한줄기 마른 불꽃은
끝끝내 지켜가리라
지켜가리라
일렁이는 너의 불꽃을 가슴에 품고
성난 흙탕물 꺼질 듯 건너가면
어느 사이엔가 신발 속까지
축축하게 번져오는 비애

안개로 번져나는 앞길은 보이지 않고
가시덤불 무성한 들길에는
서슬 푸른 번개를 피할
잎 넓은 나무 한 그루 없네
나, 알 수 없네
어느 눈부신 노을 한 폭으로
타오르기 위하여
꺼져가는 불씨 품안고
언제까지 비바람 속을
걸어가야 하는지
천둥과 번개 사이
끝없이 걸어가네

음악회에서

- 하이랜더 | 레베카 클락의 비올라 소나타에 부쳐

거친 피요르드 암벽을
칼끝으로 긁으며
뾰족뾰족 파고 드는 바람

안개비 자욱한 옛 스코트랜드의 고원
히이쓰 무성한 황야에서
폭풍우 자르며
서로의 목숨을 겨냥하는
중세기 두 사람의 하이랜더

칼날 맞부딪는 통쾌한 소리
칼 끝에서 부서지는 섬광
힘과 힘이 뒤엉킬 때마다
목숨의 끝에서 솟은 땀방울
용트림하는 굵은 눈썹

목 굵은 한 사내가 쓰러지고
그의 가슴에서 조용히 피어나는
붉은 꽃
비 적시는 풀들에 칼날을 씻고

다른 사내 천천히 언덕을 내려가면

자잘한 제비꽃 끝없이 피어 있는
눈부신 길을 건너와
죽은 자의 가슴에 엎어지는
흰 무명 치맛자락

눈 감고 팔짱 낀 채
현의 덩굴 밑으로 천천히 걷다 보면
어느 사이
발 밑은 까마득한 낭떠러지

창밖에 눈보라는 또다시 휘날리고

네 가슴에
서러운 눈
한 양동이쯤
퍼부었다 하자

하마 그 사랑
들끓어 오르는 뜨거움으로
녹인다 한들
가슴 적시는
눈물만 남을 것인가

끊임없이 제 몸을 부딪혀오는 눈발
밤 새워 창 밖을 서성이던
네 시린 발등 위에
일렁이는 푸른 파도
격정은 아직 휘몰아친다

언제부터인가
눈 그치고
환한 불빛에 휩싸여가는 나뭇가지

비인 어깨 위엔
기다림의 정적만이
고여간다

목 메어 흔드는 바람 소리
또 다시 창틀 위에 눈은 퍼붓고
쌓인 눈 보다 속 깊은
괴로움은 또
어쩌랴

그 겨울, 봄을 꿈꾸던

1.

밤이면 강물이 운다, 쩡쩡 얼음 깨지는 소리 밑으로 달 뜨는 새벽까지 흐느껴 운다. 매서운 칼날 푸른 하늘 밑, 등을 보이며 강을 건너는 노인네 지게엔 삭풍(朔風)이 하나 강물처럼 흐르고 거칠게 무뎌진 그의 손마디가 돌아 눕는다, 허웅 허웅 쉬엄 쉬엄 길게 울며 그림처럼 아련한 산 그늘께를 강물은 앓아 누워 쓰러지며 꺼진다 꺼진다, 아 —,

2.

생활에 얼굴이 붉어진 이여, 나무가지의 송충이를 떼어내는 식으로 세상의 검부라기를 집어내는 이여, 좀 더 치열하라, 모든 것을 집어 삼키는 황홀한 불꽃으로 타오르라, 간극(間隙), 삶과 죽음의 단애 사이를 메워가는 노력도 등을 보여서는 안되느니, 나의 사랑같은 그대 생활이여, 집게로 집어내는 벌레들이스스로 쓰러지게 하라

3.

지금이야, 저 초록빛, 뛰어내려 지금, 놓치면 안돼! 처절한 검은 기억같은 강물, 너의 피색깔, 쓰러지는 성, 연한 믿음으로 채색된 풍경들, 미루나무와 잔가지, 그런 것들이 완전히 너의 것이 아니라면, 어서 뛰어내려, 깊어 뵈는 강물로,잔설이 눕듯이, 털어내는 사랑이 없으니까 언덕길 길가에 재빨리 눕듯이.

4.

초록 얼음 위로 겨울이 간다. 강물을 흐르는 겨울처럼 우리는 보다 푸른 하늘로의 상승으로 이 겨울을 짚으로, 짚으로만 난다.

아이스 큐브에 갇힌 사내

한밤중
악몽을 꾸다

끈질기게 따라붙는 추격을 뿌리치고
선잠에서 깨어 타는 모래를 씹다
아직 졸고 있는 의식을 하품하며
은빛 금속성 냉장고 앞으로 다가간다

크리스탈 유리잔에 정육면체의 얼음들이 쏟아진다
차가운 잔을 이마에 대어보다
푸쉬싯 금이가고
지그재그 푸른 번개를 번쩍이며
깨져나가는 차가운 의식의 유리잔

불빛에 비친 아이스 큐브 속에
안경 낀 한 사내가 갇혀있다
빙벽을 두드리며 무어라고 소리친다
못본척 무시하고 맑은 물을 쏟아 붓는다

흔들어도 그의 외침은 쉽게 가라앉지 않는다

빙산 속에 갇힌 채
눈보라치는 북극의 벌판에서
늑대처럼 울어대는 사내

아우성치는 바람소리

뜨거운 눈물 넘쳐난 어느날
마침내 얼음은 녹고
유빙 속에서 그의 시체가 발견된다

사내는 등을 돌린 채 쭈그리고 앉아
엄음물을 홀짝이며
꼼짝 않고 있다

레이크 심코에서

누구의 희망이
이렇게 네 가슴에
아침으로 안겨 출렁이는가

지친 마음 이끌고
도시의 격전지에서 돌아올 때마다
조용히 두 팔 벌려 맞아주는
눈부신 안식

돌아온 탕자와도 같이
아직 미망에 젖어
부끄러움도 잊고 있는 나에게
천천히 숨 고르는 법 일깨우며
어머니의 팔베개로
다독여주는 크낙한 품이여

즈믄해를 닦여온 돌멩이로
마음도 둥글어 지면
초록 물 밑으로 가라앉는
미련과 근심

이제 피 묻은 손을 씻고
참회에 젖을 때면
너도 안개에 젖어
아침 노을 속에
눈시울 붉히는구나

팔 굽혀 펴기

구층과 십층 사이
외로운 계단에 거꾸로 엎드려
팔 굽혀펴기를 한다
시퍼런 나이 푸성귀같던 동료가
지난밤 갑자기 죽었다는 소식을
거듭 밀쳐내며
살아 있음을 확인하기 위하여
천천히 팔을 굽혀본다
양 팔에 받쳐오는 온몸의 무게
제 혼잣만의 짐도 버티지 못하여
돌아서는 어깨가 소슬하다
관자노리에 솟는 힘줄
가빠져가는 숨
아직 뛰는 심장을 확인하며
힘겹게 팔을 펴본다
계속해갈수록 무거워지는
어깨 위에 걸터앉은 나의 삶
얼마나 더 오랫동안 굽혀보아야
가볍게 숨 고르며 바로 설 수 있을까
꿈틀대는 가슴의 힘살처럼

용기와 자신이 부풀어 오를까
매일처럼 팔 굽혀펴기를 계속해도
튼튼해지기는 쉽지 않고
죽음은 저격병의 예리한 탄환처럼
어느날 방향도 알 수 없는 숲 속에서 날아오고
손 끝에 와 박히는 삶의 뜨거운 아픔
코 끝에 와 닿는 죽음의 차가운 입김
뒤 얽혀 내려가는 소용돌이 속
잊혀진 친구들의 얼굴들
눈물과 땀방울에 젖은 채
이승과 저승 사이
어두운 계단에 안타깝게 매달려
오늘도 나는
굽힌 팔 힘 주어 펴 본다

토론토의 봄

1.
막 떠나려는 전차에 황급히 올라 탄 청년
페인트 용 막대기와 공구통을 들고
거칠게 내다르며 의자에 앉는다
먼지 묻은 모자
흙 묻은 티 셔스에
흰 페인트자국으 로 얼룩진 청바지
깎지 않은 더부룩한 수염 그리고 땀 냄새
투박한 손으로 커피를 마시는
남루에 쌓인 그의 일상
그 속에 바쁜 하루
건강한 젊음이 있다
차창에서 불어오는
새벽 찬 공기 상쾌하다

2.
굴러갈 듯 뚱뚱한 백인 처녀가
뒤뚱 거리며 천천히 전차에 올라 탄다
저 작은 의자가 그녀의 엉덩이를 감히

수용할수 있을까, 저어하는 사이
그녀는 덜퍼덕
이인용 의자를 혼자 다 차지하고 앉는다
푸른 원피스
터질듯 부풀어 오른 살들이
그녀의 가슴에서 잠깐
봄바다의 물결로
출렁이는 동안
문득 고개 돌린 그녀의 뒷머리에
한들한들 수선화 한 송이
차 안이 온통 환해진다

튜울립을 위하여

늦가을 혼미한 저녁나절
노을에 펄럭이는 마음 한끝을
꼭꼭 다져 땅에 묻었다
까마귀 울던 야윈 나무 가지 위로
해초 가득 흔들리던 하늘이 지나가고
침엽수 밑 어둠도 얼어붙던 밤
굶주린 들짐승의 날카로운 송곳니에
힘살 모두 파헤쳐지면서도
엉키어 살아 남은 따스한 알뿌리들
손바닥 안에서
팔딱이더니

잔망한 어깨 밑으로
천천히 봄이 걸어오던 날
아픈 기억 풀려 가는 어제의 땅에서
느닷없이 피워 올린
한 송이 꿈
얼마나 치열한 영혼의 힘으로
안타깝게 끓어오르기에
너는 언제나 혼신(渾身)을 다하여

한 뿌리에서
단 한송이의 붉은 꽃을 피워내는가
불빛 초롱 환하게 출렁이는 뜨락
안으로만 뻗어가다가
때 되면 뜨겁게 터져오르는
열망으로
더러는 우리도
살아가고 싶다

환상수첩

1. 사랑

수 많은 꽃잎들이 한꺼번에 냇물 위에 떨어져
잔잔한 무늬를 만들어 갔다
무슨 소리에 이끌려
반쯤 열린 추억의 어두운 방으로 들어 섰을 때
책상 머리에는
고개를 엎드린 채 흐느끼고 있는 여인의 뒷모습
달빛이 아롱대는 물결을 이루며
천천히 흘러갔다
나는 가만히 방을 가로 질러 다가가
그녀의 어깨를 돌린 후
두 뺨을 감싸 안고
조용히 입 맞추었다
뜨거운 그녀의 눈물이
내 입술에 닿았을 때
깊이를 알 수 없는 고통과 연민의
푸른 불꽃이 연기를 남기며
서서히 꺼져 갔다
달빛 가득한 강변에는 흰 조약돌 위로
개구리 울음소리가

눈부시게
부딪혀 올라오는
밤

2. 靑春

젖은 영혼의 머리칼 사이로
시린 꿈 다듬으며 걸었다
툭툭 풀섶을 막대기로 치고 지나가며 찾던 살모사
그 날카로운 눈은 어디로 갔을까
멀리 기차가 기적을 울리며 지나갔다
한쪽은 내일을 꿈꾸는 바다
파도가 널을 이루며 머리 위를 뒤덮고
다른 한쪽은 아스라한 단애
산꼭대기가 보이는 길을
한없이 걸어서 도착한 물이랑 끝
거꾸러지며 덮쳐오던 밀물 속에서
들려오던 내일의 아득한 함성
머리칼 길길이 일어서고
핏줄 거꾸로 탱탱히 밧줄 가득 감겨 올 때

벌거벗은 가슴 가득 차오르던 너의 목소리
가릴 것 없어 이마 푸른 젊은 영혼이
이를 꽉 물고 힘차게 바위 위로 바위 위로 뛰어내리던
부서져 더욱 찬란한 물보라

아직도 가끔 포말 가득히
그 핏줄이 꿈틀대는 소리를 듣는다
맑게 개인 어떤 날
마음의 산언덕
오를 때에는

■ ■ ■ 제3부

겨울 하늘

아아
보이지 않더라

살아온 날들을 한 뭉치
참담한 솜방망이에 뭉쳐

깊이 깊이
애증에 적셔도

속 깊은 불꽃
끝 없이 타올라도

다시는
돌아오지 않더라

떠나간 하늘 끝
기러기떼도 없는

한 없이 깊은
적막한

겨울 하늘

겨울 밤안개

누군가
이렇게 언 가슴에 뜨거운 입김을 쏘여
꽝꽝한 잠 깨우는 손길은

겨울비 내리는 비탈길 너머
자동차 불빛으로 떠다니는 남루한 孤魂
그 야윈 등허리를 천천히 어루만지고
가로등마다 희부옇게 떠도는 우수의 그늘 거두어
후줄근한 어깨 위에 안식의 물길을 부어주는
그는 누군가

언제나 함께 있었으나
너무 깊이 들어와 앉아 보이지 않던
사랑의 속살을 들추어내고
늙은 사과나무의 혼미한 눈동자에도
뜨거운 눈물을 솟게하는
그대의 푸근한 노래자락
깃 스치는 곳마다 우련히 번져갈 때에

이제는 입 밖에 내지 않으리

시린 무릎 젖어 들던 진눈개비
햇빛 속을 떠다니던 어제의 먼지도

비로소 알겠네
바람을 추슬러 길가에 뒹구는
쓰레기더미로 쓰러진 흰 뿌다구니들을
조용조용 나직나직 일으켜 세워
알 수 없는 빛의 나라로 품안아가는
넉넉한 그대의 미소를
나는 보겠네

폭설

간밤의 폭설로 길 끊어진 교외에서
도로도 농장도 도랑도 눈 속에 파묻혀
길을 찾을 수 없었다
나는 길 잃고 어쩔 줄 모르는데
새 한 마리 유유히 하늘을 날아간다

우리는 왜
늘 남이 걸어간 길만을 길이라 고집하며
뒤따라가는가

한 고통을 피하기 위하여
다른 고통을 향해 걸어가는 어리석음

길은 어디에도 없었다
그러나 길은 어디에나 있었다

이른 봄

노곤한 물결
잔잔히 넘쳐나는 거리

벤치에 앉아
박격포탄 떨어지는 고향 땅
위태로운 가족들의 편지를 읽는
늙은 세르비아인의 얼굴처럼

일그러진 오늘
벙그는 웃음으로 펼쳐보일
내일은 오는가

죽은 잿빛 가지 끝에서
라일락 새 순은
저린 몸 추스리며
조용히 입술을 터뜨리는데

봄나들이

개나리 꽃잎을 따서
박하냄새 나는 봄 하늘로 던진다
핑그르르
꽃잎은 헬리콥터 프로펠러처럼
하늘로 치솟아 돌다가
이내 소용돌이치며 가라앉는다
허공에 궤적을 남기고
땅에 누운 꽃잎이여
잠시 물결 위에 얼룩지는 생의 무늬여
가볍게 날리는 휘파람 소리
너의 봄은 얼마나 즐거우냐고 뻐꾸기는 우는데
타운하우스에서 달려 나온
다섯 살 꼬마 아이의 세발자전거에
짓뭉개지는 꽃잎,
그래도 이 생에서
개나리꽃 입에 물고 뺑뺑뺑
봄나들이 가고 싶다

길

뒤로 뒤로 뒷걸음질 치다
더 이상 물러설 수 없는
斷崖 끝에 섰을 때

숨어 있어 보이지 않다가
집착도 연민도 떠나 보낸 뒤
흐린 눈꺼풀 비빌 때
문득
보이는

눈 감고 뛰어내리면
살며시 받아주는
帝釋天의 품

마지막으로 목숨 마저
놓아버릴 때
스스로 완성되어
손 끝에서
떠나가는
배

나의 노래

- The confession of a monk | 어떤 수도자의 고백

이 세상 살아 오면서
이제껏
소유한 것이 있다면
한 벌의 허름한 옷
한 쌍의 나무 젓가락
한 개의 찢어진 우산

이 세상 살아 오면서
가릴 수 없는 몸
가슴 열어 뜨겁게
받아 들인 것이 있다면
고맙게도 잘 여문 한 줄기 햇빛
두 뺨을 세차게 때리던 빗방울
개인 하늘에 빙긋이
걸린 무지개

또 살아오면서
내 것으로 느꼈던 것은
짙푸른 밤 호수 위에 슬픔으로 고이던 달빛
장미, 가시 찔려 꽃잎에 번져가던 피의 향기

멀리서 울음처럼 들려오던 나직한 노랫 소리

그리움 그림자만 남기고
바람에 실리어 바람으로 떠나갈 때
손 놓아 이승에 두고 갈
이 모든 것
가지고 갈 수 없는 나의 노래는
내 잠시 즐겁게 가지고 놀다
기쁘게 되돌려 드리는 당신의 그것

生命練習

그랜드 캐년 외로운 단층
틈 비집고 자라가는 전나무에 부딪혀
까마득히 계곡을 굴러 내리는
돌멩이

나뭇잎에 올라탄 개미
카약 하나에
전 생애를 싣고 떠내려가는
폭발하는 분노
콜로라도의 붉은 흙탕물

거꾸로 뒤집혔다 허리 들어 용솟음치는
롤러코스트의 물결 속에서
이 물결 팔뚝으로 막기 전에
뒷통수 덮쳐오는 저 물보라
땅 위의 예행연습 소용도 없어
냄새와 느낌으로 헤쳐가는
순간의 기지와 결단 뿐
온 몸으로 기 쓰고 버텨보아도
뒤집히는 생존의 배

손 바닥 피 흐르고 가슴 멍들어
오, 물거품으로도
오직 이 세상에 살아 남는다면
바위도 껴안을 수 있으리

거친 하루 꿈결로 저물고
하류에 닿는 저녁나절
눈부신 초록색 잔잔한 강물
그 가슴에 드러누워 흘리는
안온한 눈물

삶

신의 발 뒷꿈치에 차여 날아가다
어느 숲 나무 사이에 떨어져버린 골프 공
찾을 수 없는 그러나 거기에 있는

눈

슬프거나 괴로울 때 또는 외로울 때
푸른 꽃잎으로 가늘게 떨며 다가와
未明의 나의 이마에 선명하게 찍히는
하늘의 싸늘한 입술

약속

그 말을 잊기 위하여
산으로 가다
산 속
깊이 쌓인 눈 속에
묻힌 말을 꺼내었다가
다시 더 깊이 묻기위하여
나무 듬성듬성
숨어드는
산 속으로

수술

살아야 할 날들이 아직 남아있다고
웅얼거리던 미련이
눈부신 식탁보 위에서
붉은 포도주로 엎질러진다
술 취한 늪지에서 부글거리던 욕망
뭉텅 뭉텅 머리칼로 잘려 나갈 때
칼끝으로 발라내고 남은 뼈에도
순결한 꿈은 남아있는가
향기 짙은 차 한잔을 앞에 두고
목숨은 사태 져 떠내려간다
문득 너의 귓볼에
한들 한들
나비처럼 올라 앉는
들꽃 한 송이

戀歌

끊임 없이 그대를 생각하여
눈 속에서도
한 그루 늘 푸른
전나무로 설 때

나의 눈썹 위에는
아직 망설임으로
묻어나는
어두움

그 속에서
가끔
성냥개비 하나만큼만
켜졌다 꺼지는
불꽃

바람 속에서
등을 보이는
천천히
쓰러지는
나무

이제는

못 다 핀 꽃을 노래하리
부서져 나간 보석의 깊은 골짜기
찢어진 색종이의 흩어진 살점
깨어난 잠 속의 한 조각 꿈을

아끼던 초저녁별 기꺼이 버리고
푸른 하늘 날게 하던 날개도 사양하고
꾸어지지 않은 꿈 더 이상
노래하지 않으리

잠 깊은 삶 속에서 물음표로 만나는
늦은 밤 여윈 눈썹 위에 뜨는 하현 달
빗방울 듣는 잎새 사이로 숨는 한숨
바람 뒤에 남는 정적만을 거두리

어제의 햇살을 빗자루질 하여
한웅큼 쓸려온 마른 잎사귀
타다 남은 낙엽 사이로 피어오르는
푸른 연기를 노래하리

타다 지쳐 혼곤히 사위어가는
이제는 돌아서서
시드는 한 떨기 꽃잎을 사랑하리

숲길

눈부시게 쭉쭉 뻗은 침엽수림의 터널, 고요한 숲길을 걷는다. 뒤돌아보면 삶의 끝자락에 뒤엉킨 물푸레나무 가지들, 바람이 불어올 때마다 고사목의 뼈 끝에 매달려 우는 영혼이여, 마른 꿈 잡초는 짚단으로 밟히는데 물 고인 웅덩이에서 부패하는 시간, 지난 겨울 사랑의 상처보다 깊게 쌓이던 눈의 무게에 부러진 굴참나무 가지들, 쓰러져 말이 없는 잔해를 넘는다. 무릎에 회한으로 달라붙는 도깨비바늘들, 느릅나무 삭정이로 결연히 털어내며 걷다가 걷다가 돌아서는 산모롱이, 문득 숲이 터지고 눈앞 가득 아득히 차오르는 아린 옛 사랑의 푸른 하늘, 밑둥 잘린 꿈의 그루터기에 앉아 거친 숨 고르노라면 어제의 바람도 조용히 숲으로 돌아온다. 자잘한 관목들 바람에 스산히 몸을 추스리고 낮은 물가에는 하늘 향해 손 흔드는 부들, 두꺼운 낙엽을 뚫고 솟아오르는 풀들, 굳은 상처 밑으로 눈 트는 새로운 줄기와 뾰족한 별로 돋아나는 고목의 새 순.

이제는 나도 검은 진흙길 어깨 펴고 걸어가리라. 썩을수록 거친 뿌리 더 많이 껴안는 한 줌 부엽토로 삭아 가슴에 풀씨 하나 품어 키워가리라.

어디선가 한나절 산비둘기가 구구구구구.... 길게 울었다.

滿開

지난 밤 봄비에
아그배나무

자잔한 흰 꽃들이
한꺼번에 터져올랐다

아침 날빛에
은빛 날개를 파르르르 떨며
꽃들은 자지러지게 웃는다

생의 어떤 눈부신 시각,
오늘 하루

너에게는
또 어떤 즐거운 일이
피어날 것이냐

■ ■ ■ ■ 제4부

유년학습 (幼年學習)

내고향 마을어귀엔 시악시처럼 늘어선
수줍은 연초록빛 미류나무들
오월 푸르른 유년의 그늘에
바람 불 때 마다 반짝이며
이리저리 흔들리고 있었지
그것은 아무 것에도 마음 둘 바 없이
바람처럼 미류나무처럼 살라 하는
향그러운 바람의 속살거림

아버님은 보리밭 둔덕에서
두엄더미를 덜어내시고
그 구루마 뒤에서 상고머리의 어린 나는
동그란 두 눈 반짝이며 흙장난에 정신이 없었고
그것은 아버님의 거친 손마디
재 묻은 탄탄한 흙 가슴 처럼
늠름히 두발로 대지를 딛고
완강한 가슴팍으로 세상을 버텨가라는
아버님의 눈물겨운 충고의 말씀

동무들과 숨바꼭질 하다 잠이 드는 동구 밖

구름처럼 겹으로 피어나던
살구꽃 사과꽃의 아련한 꽃 그늘
그것은 배꽃보다도 향그럽게
희고 아름답게 살라 하는
눈부신 오후의 기도의 말씀

지게 지고 돌아드는 조령 산마루
산모랭이 돌아들며 굽도는 산골 물 향기는
산 깊어 갈수록 짙어가고
그것은 그윽하고 은근한 계곡물처럼
마음 어우러져 청정하게 살라 하는
거룩하고 간곡하신
자연의 말씀

달

1.

달이 뜬다, 지상의 등불이 희미할수록 노피곰 둥두렷이 솟아올라, 구석구석 습지를 비춘다, 언제나 따라오며 빙그레 웃음짓는 그의 얼굴

2.

고향을 쫓겨 가던 밤, 골짜기마다 고이던 눈물, 달빛에 녹이 반짝이는 시냇물로 지줄대며 흘러갔네, 소나무 그늘 따라 몰래 짚어가던 길섶에서 그치지 않던 풀버레 신음소리, 밤 새워 실 끝으로 둥글게 풀려가던 그대 사랑의 끝자락이여

3.

달빛이 꽂혀, 산정에서 빛나던 너럭바위의 시린 이마를 쳐다보며, 어둠 속에서 주워 올린 흰 조약돌을 끝없이 매만졌네, 태양을 향해 솔개짓하며 솟아오를, 어느날의 팔매질을 꿈꾸면서

4.

말 오줌 냄새 지릿한 도시의 뒷골목, 시궁창을 뒹굴던 팔뚝 위에, 불 꺼진 가로등, 무너진 담벼락에, 마지막 한 방울 젊음을 방사하던, 내 영혼의 취한 어깨 위에, 푸른 우유빛으로 퍼부어지던, 거침 없는 그대의 손길

5.

반나마 검게 타 일그러진 나의 얼굴, 취기는 아직 열정처럼 일렁이고, 어둠 속에서도 말을 더듬는, 부끄러운 날들이 낙엽으로 흩날릴 때, 선술집 창을 넘어 들어와 슬그머니 손 뻗어 나의 눈물 닦아주는, 그대의 숨 긴 사랑을 사랑하리라, 저린 목숨 이대로 그러 안고서

6.

달이 뜬다, 이 밤, 또다시 앞산 위로 불끈 솟는 보름달로, 당신의 사랑도 떠올라라

커누 여행

1.
그곳으로 떠나는 순간, 삶의
푸른 유리 위에는 흰거품
칼로 긁힌 자국이 생긴다
창 대신 노를 껴안고, 말 없이
거친 숨소리로 헤쳐나간다
지나간 자리마다 남겨진 날카로운 상처도
주름 펴지듯 아득히 아무는 사이
발 딛는 곳마다
아픔은 새롭게 다시 자라나고
하늘은 끝없고 바람은 푸르다
두팔 벌려 껴안는 어지러운 그리움 또는 사랑,
그 안에서 완전히 하나의 입체로 합쳐지는 앞과 뒤의 풍경들
그림자 무섭게 머리를 풀며
물밑으로 가라앉는 것,
나의 배, 또는 덧 없음

2.
물 위에도 길이 있다
아무것에도 거리낄것 없는 물길 위에도
벗어나지 말아야할 경계가 있다
햇빛에 찰랑거리는 물길을
더듬거리며 걷는 장님의 발
헛딛어 암초에 부딪는 순간,
말은 정지하고 길을 잃는다

3.
하늘이 드러눕는다
나를 온통 덮쳐오는 저 쾌적함
푸른물에 물들어
커누에 누워 잔잔한 물결을 즐기고 있다
이렇게 평온한 지상이 계속된다면
삶은 풍랑의 물결을 그리워할 것이다
나는 양손으로 물결을 찰랑이며
날개짓을 장난한다

4.

바나나 껍질에 드러 누어 하늘을 본다
나의 꿈은 지금
푸른 밤 같이 고요한 이승에서
조각달을 타고 도달할수 없는 그 곳
무한히 늘어나 이슥고 정지된 시간을 낚시 중
꿈 꿀수 없는 곳을 꿈 꾸다
풍덩,
물 속으로 뛰어든다

5.

갑자기 사방이 캄캄해지며 물고기들이 튀어오르기 시작한다
검은 하늘 속에서 그물에 걸린 비늘들이 버둥거리며
그물을 빠져나오다 은빛 피를 토할 때
비가 쏟아지기 시작한다
풍랑으로 거세게 부풀어오른는 힘살
파도는 거칠수록 프로펠러

내가 전진하는 힘
눈을 부릅뜬다,
그래도 풍랑을 이기지 못하여
전복되는 삶

6.
하늘과 호수가 천천히 전도되는 풍경
그곳에서
삶이 죽음으로 치환된다
아름다운 풍경 한컷이 저물고 다른 풍경으로
바뀌는 슬라이드
문득 수 많은 별이 보이고
캄캄한 암흑속에서
호흡을 멈추고
죽어가는 숨소리를 듣는다
아주 서서히 가라 앉아
단단하게 형성되는
크리스탈의 별

7.

단풍나무 그늘 사이로 조용히 숨는
숨어 숨죽여 우는 가을 처럼
하늘은 더욱 푸르고 공기는 맑아
그 서늘함에 가슴을 데이다
단풍의 색깔로 저무는 바람의 노래여
돌아 볼수록 쓸쓸한 어제의 바람이여
이제는 그만 노을 속에 한 줄기
스러지는 잔광으로 남고 싶다

낙엽의 반성

1. 침묵

나는 어째서 아직도 뒷걸음 치며 쓸쓸히 퇴각하는 지난 여름의 색깔과 향기만을 생각하는가. 그윽한 깊이와 알맞은 높이를 가진 생각이 순식간에 꽃잎으로 피어나 말이 되고 방점이 되고 밑줄을 그어도 침묵, 낙엽이 떨어지는 순간의 가지와 대지 사이의 공간에 담긴 잠깐의 말없음표, 그 만큼의 무게는 되지 않는다. 가을이 가고 갈색마저 입 다문 무채색으로 변화하는 그 순간에도 나는 왜 아직 그 침묵의 아름다움을 깨닫지 못할까

2. 해체

여름 내내 뜨겁게 나의 머리 속에서 가즈런한 나뭇잎으로 나부끼던 생각의 뭉게구름이 흙먼지가 되어 비바람에 흩어지다. 나의 입에서 떠나가는 말들, 나의 손에서 풀려나는 문장들, 일상에서 생각 없이 가볍게 떨어지는 낙엽들이 두렵다. 한 방향으로 정연히 서서 빛을 향하여 나란히 손짓하던 사고의 체계들이 일순에 무너지며 저 바람에 휩쓸려가는 해독할 수 없는 수많은

글자의 파편들, 쓰레기더미로 구르는 저 흔들리는 의식의 세계가 두렵다. 밟고 갈수록 버린 말들이 뒤섞여 수런거리며 나에게로 달려드는 그 알 수 없는 혼돈의 함성이 무섭다

3. 죽음

바람의 갈피에서 뚝뚝 떨어지는 시간의 혼곤한 잎새를 보다. 어둠 속에서 이제 막 희미한 등불이 켜지기 시작하는 서글픈 저녁, 안온함을 잃고 헤메는 부피 잃은 중년의 시간을 줍다. 빛나는 대머리의 달이 도시의 호수 위에 지친 희망의 형광을 퍼부을 때 환청을 지우기 위하여 그는 술을 마신다. 막다른 골목에 다다른 그가 드디어 저항을 포기하고 번들거리는 포도에 엎드려 지나가는 전차의 굉음을 듣고 있다. 그의 낡은 양복 자켓 위로 죽음처럼 어둠의 낙엽이 쌓여가고 그는 귀를 막은 채 천천히 그 속에 매몰된다

2. 시간

휘몰아치는 비명에 바스라지는 갈색, 가당치 않게 쓸쓸하고 아름다운 계절의 깊은 동공을 들여다 본다. 동굴 속에서 울려 나오는 메아리, 우물물에 비친 갈망. 바람이 울부짖는 소리에 나는 오늘의 옷깃을 여미고 얄팍한 책 한 권으로 진화한다. 책 속에서 걸어 나온 언어들이 인격을 키우고 사람이 되고 사랑과 존경과 신뢰를 가꾸어가듯 나는 책 속으로 걸어 들어가 단풍잎 하나로 접혀져 잊혀진 시간의 한 부분이 된다.

1. 사랑

나에게서 날아간 상상의 화살들이 이 가을, 모두 되돌아오고 있다. 목이 매케한 낙엽 태우는 냄새로 저녁이 다가 오고 있다. 낙엽은 여름의 햇빛 참으로 뜨거웠었다고, 그 여름의 확연하고 싱싱하던 힘살, 방사상 햇살로 퍼져가던 부채살 같은 사랑의 향기가 참으로 그립다고 말하고 있다. 그 눈부신 사랑에 혀가 얼고 눈이 멀어 내가 던진 언어들은 폭발하여 파편이 되고 남루로 헤메이다 쓰러져 바스락거리는소리만 말없음표로 눈 속에 남아있다.

메기의 추억

1. 솜틀집

들들들들들
동네 끝 외딴 집을 지날 때마다
얼굴이 주름살로 가득하여 우는건지 웃는건지
쭈그렁 할머니가 솜을 틀고 있었다
양키들이 함부로 지려 갈긴 오줌냄새
검게 뭉쳐진 양색시들의 이불솜을
하루 종일 실타래 풀 듯
들들들들들
틀어

햇빛에 뽀송뽀송 내어 말리고
폭신폭신 새 솜으로 만들어
그니들의 서러운 밤을
말짱 새것으로 만들어 주고 있었다

2. 슬픈 영화

오오오 쌔에엔 무비
얼워즈 메익 미 크라이

어두운 골목길에서
도깨비 같은 검둥이에게
소리도 제대로 지르지 못하고
개처럼 두들겨 맞고는
헉헉 울고 있던 메리,
막다른 골목 끝의 외등
몸벗은 알전구가
그녀의 구겨진 작은 어깨 위로
노오란 빛을
희미하게 끼얹을때
듀비듀비듀비듀비
동네 클럽에서 들려오는 양키노래 소리
그녀는 쭈그리고 앉아 꺼억꺼억 눈물 같은
토사물을 게워내고 있었다

3. 사진사 안씨
가난이 지겨워 열세살 때
동네에 들어온 동춘 써커스단을 따라
야밤 도주를 했다

이리저리 떠돌다 서른이 넘어
더 이상 손님이 찾지 않는
퇴기 양색시와 살림을 차렸다
싸구려 카메라 한대가 재산목록 일호
미군클럽을 돌며 양색시와 미군들의
사진을 찍어주고도
끼니를 굶지 않으니
이제 행복하다고
돌아갈 고향도 없다고
두꺼비 술 한잔에 꺼이 꺼이 울던 그가
갑자기
세상을 버렸다
한창 나이 마흔에 먹지 못해

4. 이발사 조씨

언제나 엎드려 잠자던 조씨
어쩌다 이 바닥에 굴러왔다
술주정이 심하고 가진 것은 없어도
이발솜씨 하나는 끝내주던 총각

동네 아줌마들 서둘러 참한 색시 골라
장가 보냈다
첫날밤을 지낸 시악시
그 길로 줄행랑
고개 푹 숙이고 다니던 조씨
한달 뒤
동네 밖 회나무에 목매어
몽달귀신 되었다

5. 비상이 걸리면

비상이 걸리면
양색시촌은 덩달아 비상
코 큰 양키들이 외박은 물론 외출도 금지
미군클럽들은 갑자기
동굴처럼 적막해지네
색시들은 일수를 찍지 못해
빚이 늘어나고
가게들도 파리를 날린다네
더 이상 물러설 곳 없는 색시 하나도

마음의 비상
문을 닫아 걸고
비상을 삼킨 것도
비상이 걸린 이때이네

6. 메기의 추억
언니가 와서 메기 있노? 하면
두기 있다 하며 이빨 보이며 웃던
문간방에 세 사는 조심성 없는 메기
덜커덩 아이를 가졌다네
날 달이 다 되도록 애 밴 것도 모르던 그녀
혼자서 검둥이 아이를 낳았네
애비가 누군지도 모르는 아기 어떻게 키우냐며
언니 색시들이 서둘러
미국 들어가기 위해 아이가 필요한 색시에게
보냈네
메기
검둥이 그 아가 불쌍하여
불은 젖 쥐어 짜며 몇 날 며칠을

손님도 안 받고
꺼이꺼이 서럽게 울었네

7. 죽은 너를 들쳐 업고

검둥이 네 놈이 싫다고 한 죄로
칼에 찔려 죽은 양색시를 들쳐 업고
그니들이 부대 앞으로 모여들었다
야 이 양키 새끼들아 죽은 우리 싸라 도로 살려내라
우루루 한 무데기로 뭉쳐서
위병소까지 으쌰으쌰 몰려 갔다가
미군들이 총으로 위협하면 뒤로 약간 물러서다
다시 앞으로 내달으며
바락바락 고래고래 악을 쓴다
살려내라 살려내라 캡틴 나와라 커멘더 나와라
한나절 땡볕 아래 소리 지르고 발을 굴러도
쳐들어 갈수 없는 미 합중국 영토 안
옷을 찢으며 절규하던 그녀들이 하나 둘
시든 잎처럼 쓰러지고
어둠이 내리도록 양코배기의 코 끝도 보이지 않는다

땅에 묻히지 못한 시체의 부릅 뜬 눈이
먼 하늘 끝 떠오른 초저녁별을
희멀거니 바라보고 있었다

8. 일수 아줌마

양색시들이 입다 버린 구멍 난 빤쓰를 주워
기워 입으며 억척스레 돈을 모은 딸라 아줌마
돈을 빌려 줄 때에는 그렇게 자상하다가도
일수 돈 못 갚는 색시에겐 다리미고 선풍기고
살림살이도 마구 들고 가는 무서운 아줌마
애 못나 개구멍받이로 들어 온 딸 하나에
피아노까지 사주며 렛슨을 시키지만
이제는 세 놓은 기와집이 세 채나 되지만
자신은 아직도 꽁보리밥에 된장 하나로
끼니를 때우는 일수 아줌마
지난밤 목 매어 죽은 양색시 시신을 거두고
자기 돈 들여 지게꾼 사서 뒷산에 묻어준 후
손등으로 연신 눈물을 훔치던
아줌마

9. 옥수수밭

어둑 어둑
어둠 짙어가는 저녁까지
옥수수 밭에서 숨바꼭질을 한다
어둠 속에서 번쩍이는
황금풍뎅이
흔들리는 옥수수 잎사귀 사이로
날다 부딪혀
한번 뒤집혀 떨어지면
제 혼자서는 절대로 일어나지 못하는
바보 풍뎅이
발랑 뒤집어져 뱅뱅 도는
풍뎅이를 집어들면
황금빛이 눈 부셔
버둥거리는 그 삶이
무서운 것인 줄도 몰랐다

10. 지렁이

삽날이 번쩍하더니

두 동강이가 난다
개미떼가 달려들어
까맣게 먹어치우는가 싶더니
축축한 그늘에서
다시 살아나 꿈틀 움직인다

11. 사기호롱

학교 끝나고 동무네 집에 놀러 갔다
딱지치기하며 한참 놀다 어느새 어두워졌다
어두운 방안 사기등잔에 심지를 낮게 드리우고
연신 기침을 해대는 동무의 할아버지가
시렁에서 꽁보리밥 한 덩어리를 내어 놓았다
동무가 큰 숟가락을 삼지창처럼 꼬나 들고
된장 한가지를 반찬으로 정신 없이 밥 한 그릇을 뚝딱
먹기 시작했다 내게 먹어보란 말도 없이
그러다 문득 할배는?
할배는 배 안고프다 니 다 무라
퍼먹던 동무의 검은 눈동자에서
사기등잔의 호롱불이 흔들리는 듯
눈물이 한 방울 떨어졌다

쿠치부곽 국립공원에서

1. 파도

검은 물결이 검은 머리칼을 풀고
하늘로 올라간다

시린 이빨을 드러내고 웃는
파도여

파도는 네 슬픔을 삼키고
네 아픔과 고통을 삼키고
찬란한 빛을 토해내다

2. 砂丘

흰 이빨을 드러낸 채
검은 들짐승의 빛나는 뼈를 물고
파도가 웃고있다
새떼들이 날카로운 부리로
심장을 쪼아댈 때마다
몸부림치며
근육이 부풀어 오르는 물결

아파도 아프지 않은 척 해야 하는
나는
쓰러진 너의 자세가 아름답다
수평선 너머
끊임 없이 네 속에 가 닿으려
철썩이는
손 닿지 못하는 곳의
나
구름의 흰 거품 사이로
미친 햇빛의 희미한 웃음이 흘러 나오는
오후
죽어 늘어진 바다의 목을 물어뜯으며
여우 한 마리 천천히
모래 언덕을 넘고 있다

3. 보그 황야의 이끼 에게
제 몸 무게의 스무 곱절
슬픔의 물기를
품고 있는 너

키 작은 소나무 전나무도
네 독한 입김에 모두 죽어갔다
홀로 부르던 노래
안으로 여위어가던 외로움도
나뭇잎처럼 가볍게 수런대던
마른 기쁨의 이야기도
슬픔의 수렁에 빠져
축축한 괴로움만 남은 지금에도
너로 인하여
바짝바짝 타오르는 내 입술에는
딛을수록 깊이 빠져드는 수렁뿐이다
너울 덮거라
이제 괴로움마저 떠나보내고
슬픔 너에게
온전히 나를 맡기겠다

4. 다시 이끼에게

나도 너처럼
아무리 괴롭더라도

내 인내의 한계를
한 스무 배 쯤
더 참아낼 수 있었으면

5. 또 다시 이끼에게

암 병동
이끼에 죽어 나가는 반듯한 전나무들

6. 물 웅덩이에 고인 추억

비 온 뒤 웅덩이에 고인 물에 비친
저 나무의 허리가 더 푸르고 늘씬하다
빗물에 고인 반사
죽음과 삶의
두 상을 모두 껴안아야
완성되는 그림

케입 브리튼에서

1. 비의 바다

바다에서 검은 울음이 부풀어 올라 하늘로 끓어오른다
머리를 풀고 통곡하는 여인의 들썩이는 어깨 너머로
저벅저벅 장화를 신고 걸어오는 검은 구름떼의 침략
대서양 긴 폭풍의 돛폭을 올리고
거친 바람의 구렛나루 위를 때리는 비의 옆 얼굴
그의 검은 망토 끝이 스치는 자리마다
회오리가 일고
물이 떨어질 때마다
잿빛 양철로 만든 바다의 수면이
우당탕탕
쉬 나을 것 같지 않는
상처를 깊이 깊이 남기며
구멍 투성이로 찌그러진다

2. 안개 짙은

비는 살짝 그치고
산봉우리는 반쯤
허리 아래 은밀한 곳을

벗고 있다
뜨거운 땅의 입김이 끓어올라
부드럽게 핥으며 골짜기에 퍼져간다
아득하여
이마를 짚으며
안개 속에
포개어져 천천히
쓰러진다

3. 비 갠 후

오 푸른 바다의 이마여
눈 부신 오후는
정갈하게 머리를 빗어올려
그대를 맞고
끝 간데 없이 푸르고 푸른 마음이여
바다에 온통 기쁘게 빠져 죽는 하늘을 보며
나도 푸르게 숨지고 싶다

4. 노을

처음에 저 끝자락 만 살짝 붉히더니
익사하는 하루와 함께
떠나며 남기는
사랑의 빛 이어
붉은 마음 남은 자리
그대 눈썹 위에
새록새록
상처처럼
별이 돋는다

시

1.
내가 받아들였던 사물의 몸짓,
내게 스쳐 지나간 어떤 한 순간의 풍경,
넋 놓고 바라 보았던 저녁 노을,
장대 끝에서 하루 종일 줄을 타던 생각의 한 마당이
나도 모르는 사이 내 안에 스며들어
오랫동안 머물며 함께 뒹굴고 어우러지다
그 짙은 향기는 날아가고 느낌만 남아
손끝에서 엷은 노래자락으로
속절없이 풀려날 때
사랑 같은 것

2.
나는 그래도 그것이
내가 다만 지우지 못하여
때로 게워내는
부끄러운 토사물이 아니기를

3.

꽝꽝한 호수 위로
눈이 내리는 풍경
그 속으로
걸어 들어가다
아카시아꽃 향기에 취하여
풀숲에 쓰러진 소년
사랑은 그 진한 향기처럼 혼미하게 와서
그를 온통 미치게 하고는
처절한 불꽃으로 사위어갔다

4.

푸른 파도에 담겨 출렁이는 달빛
그의 깊은 가슴에 흔들리며
목이 메이도록 불러보던 어떤 이름 하나
외롭고 지친 하루가
쓰러지는 길 끝에서
반짝이는 별빛
그 명멸하는 신기루에 기대어

비인 세상의 한 모퉁이를
이제껏 걸어왔다

5.
긴 강물이 여울목을 돌아와
하류에 닿을 때
노을도 떠나간
빈 모래톱
못 갖춘 마디로 시작하였으나
사랑으로 기쁘게 끝나는 삶

6.
눈보라가 몰아치고 있었다
저 꽝꽝 언 호수위로
두 팔을 벌려 받아들이던
열열한 사랑도
지나고 나면
한 자락 덧없는 꽃잎처럼

그리고 죽음 속에서
또다시 우리는 내일의 뜨거운 삶
시의 향기를 맡는다

바람에게

내 죽거든
진달래 흐드러지게 핀 봄
산 언덕에 묻지 말고
미류나무 새닢 반짝이는
개울가에 묻지 말고
어름장 짱짱 언 겨울날
눈 쌓인 벌판에 홀로 선 나무 밑에
한줌 재로 뿌려다오
살아 아름다운 꽃잎을 많이 보았지만
흔들리는 바람 결에 잠깐 머무는
정적을 사랑했노라
고요의 나뭇가지 끝
떨어지던 별들을
두 손으로 헛되이 움켜쥐며
낯선 곳으로 떠나가노라
언젠가 잎 떨군
지상의 나무 한그루
바람에 흔들리는 풀 한 포기로
돌아오거든
풀잎에 맺히는 이슬
너를 생각는 눈물인 줄을

| 평설 |

낭만의 옷을 입은 모더니즘 시인

『아이스 큐브에 갇힌 사내』의 시 세계

김용재

시인 · 국제계관시인연합(UPLI) 한국회장

I

2012년 5월 7일. 김영제 시인을 처음 만났다. 가난하지만 부자처럼 살고 있는 내 사무실에서였다. 1985년 캐나다에 이민 간 후 27년 만에 고국에 처음 나왔다고 한다. 약 6주간 머물면서 주로 여행을 하고 틈틈이 일가친척이나 친구들을 찾아본다고 했다. 캐나다의 문단 풍토, 토론토에서의 동인활동, 다른 문인들과의 교류관계 등 오랜 인연 인듯 허물없이 많은 이야기를 들을 수 있었다.

그는 인천 출생으로 명문 약학대학을 졸업하고, 전공 코스의 제약회사인 종근당 개발부에 근무하다가 캐나다로 이민을 갔다. 캐나다에서도 역시 정통한 전문병원 임상약사로 근무 중이다.

그러면서 그는 「토론토 시 둥지」, 「시.6.토론토」동인으로 활동하며 『살아온 날들이 굳은 살로 박혔어도』, 『세인클레어의 레그맨』, 『시간을 보여주마』 등 공저를 발행했다. 그 중에서 최근 동인시집 『시간을 보여주마』를 받아볼 수 있었다.

김영제 · 김유경 · 김준태 · 김형주 · 노승문 · 변창섭 등의 작품이 수록된 「시.6.토론토」 제2집이었고 김영제 시인의 작품은 「카누여행」등 15편이 실려 있었다.

그러나 어디, 시인(문인)으로 데뷔했다는 정보는 찾아볼 수 없었다. 그래도 나는 데뷔를 했느냐, 안 했느냐, 못했느냐, 관심 밖의 일이냐… 물어보지 않았고, 처음부터 시인이라 호칭을 했다.

「약사공론」에 시 당선이란 정보와 함께 시작 연륜의 실적을 생각해 보았지만 사실 그것만은 아니었다. 우리 주변엔 수십권의 시집을 내놓고도 시인답지 못한 시인이 있는가 하면 온갖 문학 감투와 수상 실적을 가지고도 문인답지 못한 문인이 있다는 것을 부정할 순 없다. 그렇다면 시인이 되고 문인이 되는 근거는 글의 질의 문제이며 전문성의 문제가 될 것이다. 이런 개연성을 생각하며 나는 김영제 시인이란 호칭에 스스로 이의를 달지 않았다.

김영제 시인과의 만남 이 후 그의 시집 원고를 다시 읽어보았다. 수준작들이 많이 있었다. 사물을 대하는 시력이 강렬하고 약을 조제하듯 언어를 조탁하고 조련하는 능력이 우월하였다. 약사이면서 때로는 의사 이상의 처방을 하며 사물과 세상과의 관계, 세상에서의 나의 위치를 살피는 능력이 시로서의 품위를 높여준다는 생각이었다.

기이하고(strange), 당돌하고(unexpected), 진기한(unique) 낭만적 요소들을 크게 수용하면서 감수성의 변혁이라 할 만큼 모더니즘의 언덕에서 표현의 기능을 상승시키고 있는 것이다. 이제 그의 시 일부를 상세히 살펴보면서 그가 시인으로서도 쉽게 엘리트 그룹에 오를 것이란 전망을 해본다.

II

한 평생
저 발끝 부터 수액처럼 올라온
슬픔이 고여
풍선으로 부풀어 오르다
고통의 압력을 이기지 못하고
펑
터진다
사방으로 파편처럼 튀는
그의 살점
가난에 팔려 폭탄을 안고 가는
무슬렘 소녀의
가녀린 내일인듯
원한에 헝클어진
쓰디쓴 산화(散華)

-「민들레」 전문

민들레는 앉은뱅이 꽃, 문들레, 금잠초, 포공초 등 이칭도 많지만 봄철 아이들의 동무이며 시심을 불러일으키는 어른들의 친근한 벗이기도 하다. 아울러 민들레는 우정, 사랑, 이별, 별빛이나 달빛, 유랑, 재생 등 다양한 이미지를 지니고 많은 시인들의 작품으로 태어난다. 그래서 이제는 웬만큼 상상력을 발휘하지 않으면 그야말로 앉은뱅이 꽃이 되고 만다. 같은 소재나 제재를 놓고, 발전이 없는 구태의연한 내용으로 작품이 태어난다면 그것이 무슨 가치가 있으랴.

그러나 이 시인의 경우, 사물인식의 지혜와 상상의 세계가 평범한 수준에 머물러 있지 않다. 비범을 느낄 수 있을 만큼 주의력을 요구하는 민들레를 탄생시키고 있다.

보통 민들레의 머리는 새하얗게 늙은 것이다. 바람과 더불어 하늘에 떠돌다 돌아와 봄 언덕 따스한 양지 밭에 앉았다가 거기서 새 생명으로 돋아난다. 이 시에서는 계절감각을 뛰어넘어 민들레의 한 평생이 제기된다. 한 평생은 슬픔이 고인 것이고 그 슬픔은 풍선처럼 부풀다가 고통의 압력을 이기지 못하고 펑 터진다. 솜털 같은 백색의 관모(冠毛), 그것은 곧 살점이며 전쟁터 파편 같은 것이다. 그래서 우리는 가난에 팔려 폭탄을 안고 가는 무슬렘(muslem=moslem)소녀의 참혹한 현실을 읽을 수 있는 것이며 원한에 헝클어진 쓰디쓴 산화(散華)를 새길 수 있는 것이다. 꽃이 져서 흩어진다거나 젊은 목숨이 전장 등에서 죽음으로 끝난다거나 부처를 공양하기 위하여 꽃을 뿌리는 일이 사전적 의미의 산화인데 오늘의 민들레가 여기까지 온 것은 현실적 시 감각의 승화라 할 수 있다.

오후의 햇살
날카로운 파편에 찔리어
신음하고 있는
아르마딜로
다운타운 한복판 쇼우윈도우 케이스에서
부드러운 가죽 상품들 사이
박제되어 있는
너를 본다
뾰족한 주둥이에서 흐르는 피
날카로운 발톱은 못다한 꿈을 그러쥘 듯
붉고 작은 눈을 성냥불처럼 밝혀놓고
두꺼운 잿빛 하늘을 응시한 채
엉거주춤 서 있는 너
찬란한 대낮에는 화려한 빛을 피하여
모래밭 깊은 굴속에
질긴 욕망으로 숨어 있다가
밤에만 어두운 본능으로 꿈틀거리며 돌아다니던
거센 잇빨로도 물어 뜯지 못한
죽은 토끼의 썩은 시체 같은
너의 삶
그래도 나는
갑옷보다도 탄탄한 각질의 등을 굴려
아린 자갈길을 공처럼 굴러 갈 수 있는
네 인내의 피부가 부러웠다

소란스럽게 싸우는 소리
자동차의 경적소리
돼지 내장보다 더러운 도시의 뒷골목도
아랑곳 없이
네가 쳐다보고 있는 하늘 끝은 어디인가
나는 또 무슨 망가진 장식품처럼
이 도시의 쇼우 케이스에
진열되어 있는데

-「아르마딜로에게」 전문

아르마딜로(armadillo)는 거북처럼 견고한 각질로 싸여 있으며 강력한 발톱을 이용해서 땅을 파거나 나무에 쉽게 오를 수 있는 동물이다. 주로 야행성이며 날카로운 혀로 개미, 곤충, 달팽이, 지렁이 등을 잡아먹고 나무뿌리도 잘 갉아 먹는다.

때로는 모래밭 같은 굴속에 질긴 욕망으로 숨어있기도 하고 아린 자갈길을 공처럼 굴러갈 수도 있고 마침내 우리 인간들의 세상, 소란스럽게 싸우는 소리나 자동차의 경적소리, 돼지 내장보다 더러운 도시의 뒷골목도 아랑곳하지 않고 제 삶의 욕망을 채운다.

시인은 이민의 도시 다운타운 한복판에서 박제된 이 아르마딜로를 목격한다. 오후의 햇살 날카로운 파편에 찔려 신음하고 있다. 이러한 아르마딜로의 삶은 어쩌면 나의 삶, 또는 이민자의 삶과 동질성을 내포하고 있는지 모른다. 그런 비유의 가능성이 독자를 유혹하고 있는 것이다. 인내력을 가지고 살펴보면 우리들의 세상은 어쩌면 미로와도 같고 터널과도 같고 풀기 어려운 수수께끼의 벌판과도 같은 것이다. 사나운 독충이 있고 험악한 산짐승이 있고, 이빨 갈며 피 흘리는 그러나 인내의 피부로 싸인 아르마딜로가 있다.

시인은 네가 쳐다보고 있는 하늘 끝은 어디인가고, 이 아르마딜로에게 묻는다.

마침내 시인은, 망가진 장식품처럼 이 도시의 쇼우케이스에 진열되어 있는 자신을 인식한다. 그래서 이 시는 반전기법의 효과와 더불어 자신의 치열한 삶의 현장이 간접적으로 잘 부각되고 있음을 살필 수 있도록 한다.

아르마딜로가 쳐다보고 시인이 쳐다보고 있는 하늘 끝은 회상과 반성과 화해, 그리고 순리와 조화, 다시 희망의 눈빛이 어리어 있을 것이다.

왼손에
죽은 까마귀를
거꾸로 들고
그가 어두운 시간의 복도 끝에서 서성이고 있다.
어느 가을 날 푸르던 하늘 저편 너머로 날던
환한 몸짓을
진흙 신발 속에 구겨 넣고 있다.
닫혀진 기억의 방마다
타로 카드의 그림들이 쏟아져 나와
검은 나비들처럼 팔랑거리며 날아다니다

벽에 부딪혀 떨어진다.
통로를 찾지 못한
그의 의식은 문지방을 넘지 못하고
헐떡거리다 의문부호로 쓰러진다
아무도 찾아오지 않는 늙은 오후
등 굽은 시간 속에서 추억이
가장 따사로운 때
등받이 의자에 앉아
깨어진 퍼즐 조각들을
하나씩 들추어보며
햇볕에 내어 말리고 있다

-「바보 이반 - Alzheimer 병동에서」 전문

「바보 이반」은 한 인간의 불행을 인식하는 슬픔을 감지하면서 빼어난 시 한편을 읽는 즐거움을 동반한다. 그 즐거움이 슬픔으로 용해된다 해도 공유할 수 있을 만큼 시는 솟아날 것이다.

알츠하이머병은 치매를 일으키는 가장 흔한 퇴행성 뇌질환으로 알려져 있다. 1907년 독일의 정신과의사 알로이스 알츠하이머(Alois Alzheimer)박사에 의해 최초로 보고되었으며, 이 병은 그 진행과정에서 인지기능 저하뿐만 아니라 성격변화, 초조행동, 우울증, 망상, 환각, 공격성 증가, 수면장애 등의 정신행동 증상이 동반된다고 한다. 말기에 이르면 경직, 보행이상 등의 신경학적 장애 또는 대소변 실금, 감염, 욕창

등 합병증까지 나타난다고 한다.

이러한 알츠하이머 환자들이 있는 병동에서 바보 이반을 보며 그와 나와의 어떤 특별한 관계나 우연한 관계를 설정하지 않고 환자와 시인과의 일반적 시점을 견지하며 시인은 환자의 행동, 병의 특성, 가시적 현상들을 회화적으로 그려낸다.

까마귀의 환한 몸짓을 진흙 신발 속에 구겨 넣는다거나, 타로(tarot)카드의 그림들이 벽에 부딪혀 떨어진다거나, 통로를 찾지 못한 의식이 문지방을 넘지 못하고 의문부호로 쓰러진다거나, 늙은 오후 등 굽은 시간 속에서 깨어진 퍼즐 조각을 하나씩 들추어 보며, 햇볕에 내어 말리고 있다는 표현은 이 시인의 역량과 품위를 상승시키는 좋은 본보기가 될 것이다. 뇌질환으로서의 정신행동 증상이 시적 표현의 정상급으로 치환되어 알츠하이머 환자는 만인이 경계하며 만인이 위로하는 우리시대의 바보로 남았는지 모른다.

퍼즐은 깨어진 의식의 조각들을 맞추는 일이다. 어려운 문제, 처치 곤란한 문제(골칫거리), 이성으로 풀 수 없는 신비의 문제, 이해할 수 없는 생명의 혼란, 숨겨진 애매한 뜻, 추측을 낳는 근원, 당혹, 곤혹, 당황, 곤경 등 많은 의혹의 영역을 들랑거린다. 의식의 통로에 달라붙은 퍼즐의 현상이 곧 알츠하이머병과 같은 것이라면 햇볕에 내어 말리는 퍼즐 조각들과 더불어 이 시는 더욱 빛날 수 있을 것이다.

한밤중
악몽을 꾸다

끈질기게 따라붙는 추격을 뿌리치고
선잠에서 깨어 타는 모래를 씹다
아직 졸고 있는 의식을 하품하며
은빛 금속성 냉장고 앞으로 다가간다

크리스탈 유리잔에 정육면체의 얼음들이 쏟아진다
차가운 잔을 이마에 대어보다
푸쉬싯 금이가고
지그재그 푸른 번개를 번쩍이며
깨져나가는 차가운 의식의 유리잔

불빛에 비친 아이스 큐브 속에
안경 낀 한 사내가 갇혀있다
빙벽을 두드리며 무어라고 소리친다
못본척 무시하고 맑은 물을 쏟아 붓는다

흔들어도 그의 외침은 쉽게 가라 지 않는다
빙산 속에 갇힌 채
눈보라치는 북극의 벌판에서
늑대처럼 울어대는 사내

아우성치는 바람소리

뜨거운 눈물 넘쳐난 어느날

마침내 얼음은 녹고
유빙 속에서 그의 시체가 발견된다

사내는 등을 돌린 채 쭈그리고 앉아
얼음물을 홀짝이며
꼼짝 않고 있다

-「아이스 큐브에 갇힌 사내」 전문

「아이스 큐브에 갇힌 사내」는 참 단순하고 단조로운 사실 하나에 매달려 인생을 보고 현실을 깨우는 집요한 시 의식을 각인하고 있다.

술 취한 밤이나, 고통 속에 쓰러진 밤이나, 만가지 생각으로 지친 밤의 악몽에 시달리다 어렴풋이 잠이 깨어 물을 마실 때 물 속에 띄운 정육면체의 아이스 큐브(ice cube : 角氷 · 각얼음)가 이 시의 소재가 된다.

아이스 큐브는 차가운 것, 쌀쌀한 것, 냉담한 것, 딱딱한 것 등 많은 것을 내포하고 있으면서 빗방울 속에 우주가 투영되듯 나를 가두고, 갇힌 나의 모습을 투영할 수 있는 상징적 객체이며 이 객체가 떠다니는 크리스탈 유리잔은 빙산이 되고 눈보라치는 북극 벌판이 된다. 그곳에서는 늑대처럼 울어대는 사내를 보고 아우성치는 바람소리를 느끼고 마침내 성엣장(流氷)속에서 그의 시체를 발견한다. 얼음덩이에 비친 일그러진 자신의 모습을 보다가 그 모습이 사라진 뒤의 감정을 추적해보다가 마침내 얼음물을 홀짝이며 쭈그리고 앉아있는 자신의 현실적 처지를 의식하고 만다.

단순한 경험세계에 현실을 장치하고 인생을 대입하고, 자신의 모습을 투영하는 시적 응축법은 그렇게 쉽게 접근할 수 있는 것이 아니다. 「아이스 큐브에 갇힌 사내」는 그래서 이 시집의 표제로 뽑아 낸 것이라 생각하지만, 갇혀있다는 옹졸한 이미지를 더 확산시키는 함축의 의미를 지니고 있다 할 것이다.

「팔굽혀펴기」에서 보는 "계속해갈수록 무거워지는/어깨위에 걸터앉은 나의 삶"…"손 끝에 와 박히는 삶의 뜨거운 아픔/코끝에 와 닿는 죽음의 차가운 입김"같은 것을 거듭 밀어내며 시인은 굽힌 팔 힘주어 펴보고 있다는 생각을 하게 된다.

그러면서 "잔망한 어깨 밑으로/천천히 봄이 걸어오던 날/아픈 기억 풀려가는 어제의 땅에서/느닷없이 피워올린/한 송이 꿈"을 키우고 또 키워서 "때 되면 뜨겁게 터져오르는/열망으로/더러는 우리도/살아가고 싶다"(「튜울립을 위하여」에서)고 다짐하듯 소망을 펼쳐 보이고 있는 것으로 유추해본다.

III

김영제 시인의 시는 비교적 호흡이 긴 편이나 〈삶〉〈눈〉〈약속〉등 짤막한 것도 눈에 띈다. 그 짤막한 시를 위한 여과나 압축의 수련 작업은 시인이 겪어야 하는 중대한 일이며 능력에 속하는 것이다.

그런 의미에서 〈눈〉이란 작품을 보자

슬프거나 괴로울 때 또는 외로울 때
푸른 꽃잎으로 가늘게 떨며 다가와
未明의 나의 이마에 선명하게 찍히는
하늘의 싸늘한 입술

- 〈눈〉 전문

이 시는 '눈'을 '하늘의 싸늘한 입술'로 터치한 소박한 작품이지만 그 소박한 결론을 얻는 것은 수많은 경험의 결과일 것이다. 그 입술은 슬픔이나 괴로움이나 외로움을 동반한 푸른 꽃잎으로 가늘게 떨며 다가와 미명의 나의 이마에 선명하게 찍힌 것이다. 싸늘한 것은 차갑고 추운 느낌이나 냉정한 느낌을 주지만 여기서는 하늘이나 푸른 꽃잎의 이미지와 더불어 순수하고 이성적(理性的)인 의미를 내포하고 있다할 것이다.

새하얀 영원의 여백(공중인), 젊음의 개가와도 같고 사랑의 축가와도 같은 것(전혜린), 무구한 백자의 살결(김남조), 우리들의 영혼에 묻어있는/어떤 사나이의 검은 손때처럼/눈은 검을 수도 있다(김춘수)고 한 표현들과 견주어 봐도 좋을 것이다. 새로운 것이 아니라 해도 자기 목소리의 선명성은 충분히 읽을 수 있기 때문이다.

다음은 산문시 쪽에서도 그의 튼튼한 시력을 읽을 수 있다.

가령 그의 〈숲길〉을 읽으면 도시던 농촌이던, 또는 내 조국이던 타향의 먼 나라이던 주변의 숲에 안겨있는 듯 느낌이 정겹다.

눈부시게 쭉쭉 뻗은 침엽수림의 터널, 고요한 숲길을 걷는다. 뒤돌아보면 삶의 끝자락에 뒤엉킨 물푸레나무 가지들, 바람이 불어올 때마다 고사목의 뼈 끝에 매달려 우는 영혼이여, 마른 꿈 잡초는 짚단으로 밟히는데 물 고인 웅덩이에서 부패하는 시간, 지난 겨울 사랑의 상처보다 깊게 쌓이던 눈의 무게에 부러진 굴참나무 가지들, 쓰러져 말이 없는 잔해를 넘는다. 무릎에 회한으로 달라붙는 도깨비바늘들, 느릅나무 삭정이로 결연히 털어내며 걷다가 걷다가 돌아서는 산모롱이, 문득 숲이 터지고 눈앞 가득 아득히 차오르는 아린 옛 사랑의 푸른 하늘, 밑둥 잘린 꿈의 그루터기에 앉아 거친 숨 고르노라면 어제의 바람도 조용히 숲으로 돌아온다. 자잘한 관목들 바람에 스산히 몸을 추스르고 낮은 물가에는 하늘 향해 손 흔드는 부들, 두꺼운 낙엽을 뚫고 솟아오르는 풀들, 굳은 상처 밑으로 눈 트는 새로운 줄기와 뾰족한 별로 돋아나는 고목의 새 순.

이제는 나도 검은 진흙길 어깨 펴고 걸어가리라. 썩을수록 거친 뿌리 더 많이 껴안는 한 줌 부엽토로 삭아 가슴에 풀씨 하나 품어 키워가리라.

어디선가 한나절 산비둘기가 구구구구구..... 길게 울었다.

-「숲길」 전문

시인은 침엽수림의 터널, 고요한 숲길을 걸으면서 삶의 끝자락에 뒤엉킨 물푸레나무-고사목-잡초-웅덩이-눈-굴참나무-삭정이-그루터기-도깨비바늘-관목-부들-진흙길-뿌리-부엽토 등 숲속의 온갖 식구들을 다 만난다. 그것만이 아니다. 하늘-별-풀씨-비둘기울음소리 등 보고 듣고 느끼며 가슴속에 바람-고요-삶-영혼-꿈-시간-사랑-회한-상처 등 그 무형의 존재, 숨소리를 고른다. 그러면서 자신의 의식의 씨앗을 키운다. 한나절 산비둘기가 길게 울며 자신의 존재를 알리듯이.

새색시같이 즐거운 송욱의 〈숲〉도 보고, 천둥이며 비바람에 후들후들 무서워 떠는 박두진의 〈숲〉도 보고 솜털 같은 눈송이가 휩쓸리는 아름답고 어둡고 깊은 로버트 프로스트의 눈 내리는 숲도 보면서 김영제의 숲길에 서 보는 것도 아름다운 시심을 가꾸는 일이 될 것이다.

IV

「빛이 머물다 간 그 곳에」, 「그물 줄기만 남은 감나무 잎사귀를」, 「써브웨이, 토론토」, 「폭설」, 「나의 노래」등 언급하고 싶은 작품이 많이 있었다. 그러나 투시력의 복합성이 있어 몇 편만을 간소하게 살펴보았다.

「민들레」를 통해 전장과 산화의 의미를 새기는 현실감각의 승화를 보았고 「아르마딜로에게」에서는 박제 된 동물의 탄탄한 욕망을 살피며 시인의 치열한 삶의 현장을 보았다.

「바보 이반」에서는 알츠하이머병 환자의 현실을 직시하며 의식의 통로에 달라붙는 퍼즐의 현상, 그 혼란한 현대를 다시 들여다보았다. 「아이스 큐브에 갇힌 사내」에서는 자신의 인생을 보며 현실을 깨우는 집요한 시 의식을 감지할 수 있었다. 4행의 단시 「눈」에서는 자기 목소리의 선명성을, 산문시 「숲길」에서는 가슴에 풀씨 하나 품듯 참 아름다운 생명의 존재를 인식하는 시심을 공유할 수 있었다.

서두에 말했거니와 김영제 시인은 사물을 대하는 시력이 강렬하고 언어를 조탁하고 조련하는 능력이 우월하다. 사물과 세상과의 관계, 세상과 나와의 관계, 또는 사물과 나와의 시점 속에 시의 통로를 설정하고 그 통로위에 자유 평등의 사상, 현대적 관습이나 민주적 생각의 집을 짓는다. 낭만의 옷을 입은 모더니즘 시인의 집이 아닐까 생각해 보는 것이다.

그럼에도 한마디 첨언한다. 비록 김영제 시인에게만 해당되는 것은 아닐 것이다. 시어의 중복사용, 수동태 표현, 선명하지 못한 이미지… 이런 것들을 최소한으로 줄이고 여과, 압축, 비유법… 등은 최대한으로 활용해야 한다는 것이다. 같은 입장, 시인의 업무가 될 것이다.

『아이스 큐브에 갇힌 사내』, 시집 출간을 진심으로 축하드린다. 아이스 큐브에 갇혀 있다는 의식의 그 환상에서 쉽게 탈출하여 큰 시인으로 거듭나시길 빈다.